DISCOURS

SUR L'APOSTOLAT ET LE MARTYRE

DE

M. JEAN-FRANÇOIS RIGAUD,

MISSIONNAIRE DU SU-TCHUEN ORIENTAL,

Prononcé le 18 août 1869,

DANS L'ÉGLISE PAROISSIALE D'ARC-ET-SENANS.

PAR M. L'ABBÉ BESSON,

SUPÉRIEUR DU COLLÉGE SAINT-FRANÇOIS-XAVIER DE BESANÇON.

BESANÇON,

TURBERGUE, LIBRAIRE-ÉDITEUR,

Rue Saint-Vincent, 33.

—

1869.

DISCOURS

SUR

L'APOSTOLAT ET LE MARTYRE DE M. JEAN-FRANÇOIS RIGAUD,

MISSIONNAIRE DU SU-TCHUEN ORIENTAL.

———

Le diocèse de Besançon, qui s'honore à si juste titre de donner à la Chine un grand nombre d'ouvriers évangéliques, et qui rappelle avec tant de bonheur les noms des Gagelin et des Marchand, vient d'obtenir, par l'apostolat et le martyre de M. Rigaud, une nouvelle gloire dans les annales des missions.

M. Jean-François Rigaud, né à Arc-et-Senans le 2 juin 1834, commença ses études classiques à Courtefontaine, les continua à Marnay et les acheva à Vesoul. Entré en théologie au séminaire de Besançon au mois de novembre 1857, il y passa trois ans, et après y avoir reçu les ordres sacrés, il fut admis, le 9 septembre 1860, au séminaire des Missions étrangères. Son ordination sacerdotale eut lieu le 2 décembre 1861, son départ pour la Chine le 31 mars 1862. Envoyé dans la mission du Su-Tchuen oriental, sous les ordres de Mgr Desflèches, évêque de Sinite, il évangélisa plusieurs districts, notamment celui de Yeou-Yang, qui était désolé par les persécutions et qui venait d'être arrosé par le sang de M. Mabileau, missionnaire de la même congrégation et prêtre du diocèse de Nantes. C'est là qu'il fut massacré, en haine de la religion, le 2 janvier 1869, sur les marches mêmes de son autel, au milieu de cinquante néophytes qui périrent avec lui en témoignage de la même cause.

C'était un devoir pour sa famille et pour sa paroisse natale de remercier Dieu d'un tel événement, si cruel à la nature, mais si doux et si agréable à la foi. La cérémonie d'actions de grâces, sollicitée par toute la contrée, autorisée par Mgr le cardinal archevêque de Besançon, préparée avec autant de zèle que de goût par les soins de M. Vieille, curé d'Arc-et-Senans, fut célébrée le 18 août dernier. L'église, que les dons de M. de Grimaldi ont couverte de marbre et enrichie de précieux tableaux, semblait déjà toute parée pour fêter la naissance de M. Rigaud à la gloire du martyre. Des draperies flottantes, des guirlandes de fleurs, des oriflammes, des inscriptions, achevèrent de l'approprier à la circonstance. L'empressement du clergé et des fidèles ajouta encore à la parure du lieu saint. Soixante prêtres, en surplis, remplissaient le sanctuaire ; c'étaient, presque en nombre égal, des curés des deux diocèses de Besançon et de Saint-Claude réunis dans une touchante communauté de prières, pour chanter une gloire commune, ce semble, aux deux diocèses qui partagent la Comté. Les vastes nefs, trop étroites pour contenir les fidèles, dont le nombre dépassait 2,500, les laissaient déborder bien au delà des portes et du péristyle. Le vénérable supérieur du séminaire des Missions étrangères, M. Delpech, célébra la messe ; on remarquait parmi les assistants, deux autres missionnaires, deux Franc-Comtois, M. l'abbé Guerrin, rappelé il y a deux ans de la mission de Canton pour remplir au séminaire de Paris les fonctions de directeur, et M. l'abbé Graby, missionnaire dans le Coimbatour, à qui sa santé a imposé un repos de quelques années dans la terre natale.

Après la messe, M. l'abbé Besson monta en chaire et prononça le discours suivant. En employant les qualifications d'apôtre, de saint et de martyr, il n'a pas entendu prévenir le jugement de l'Eglise sur les mérites de M. Rigaud, et il déclare se soumettre à tous les décrets qui ont été rendus sur cette matière par l'autorité pontificale.

Isti sunt quos misit Dominus ut perambulent terram.

Voilà ceux que le Seigneur a envoyés pour parcourir la terre.

(Zach., i, 10.)

Les prophètes ont chanté, trois mille ans d'avance, les merveilles que nous voyons aujourd'hui, et c'est avec leur langue inspirée qu'il convient de saluer, au début de ce discours, l'apôtre à qui cette paroisse a donné naissance, le martyr dont nous venons célébrer dans ce sanctuaire la vocation, les travaux et la mort. « Lève-toi, disaient-ils à l'Eglise peinte sous l'image d'une Jérusalem nouvelle, secoue ta poussière, quitte tes vêtements de deuil, romps les liens de ta longue captivité, car le jour de ta délivrance approche. » Ils disaient en regardant passer, de siècle en siècle, les missionnaires de la bonne nouvelle sur le sommet de l'Atlas ou de l'Himalaya, sur les fleuves de la Chine ou dans les forêts vierges des Gaules et de l'Amérique : « Qu'ils sont beaux les pieds de ceux qui évangélisent la paix et qui apportent aux hommes les biens du ciel ! » Ils entendaient des terres jusque-là inconnues tressaillir à l'approche de ces hommes apostoliques ; ils voyaient les îles les plus reculées venir à eux, ils criaient du nord au midi à toutes les nations de la terre : « Hâtez-vous, voici que la lumière arrive et que la gloire du Seigneur a brillé sur vous ! »

Regardez maintenant et jugez. Ces yeux qui ont mesuré le monde avec le regard de l'aigle , ces cœurs qui en ont entrepris la conquête avec le courage du lion, ces âmes aux grandes ailes qui en ont franchi les dernières limites, ces pieds victorieux qu'Isaïe a salués de si loin dans les magnifiques transports d'une espérance déjà toute chrétienne, ces missionnaires chantés par les prophètes, qui sont-ils? Peu de riches , peu de nobles, peu de savants, beaucoup de pauvres, de petits, d'ignorants selon le monde ; mais riches ou pauvres , savants ou ignorants, ils se croient et ils s'appellent eux-mêmes la balayure et le rebut de la terre. Ce sont des humbles; c'est à l'humilité seule qu'il est permis de parcourir l'univers, de publier la loi du Seigneur et de faire bénir son nom : voilà ceux que le Seigneur envoie : *Isti sunt quos misit Dominus ut perambulent terram.*

Béni soit Dieu, mes frères, puisqu'il a choisi un des enfants de cette paroisse pour mettre cette vérité dans un nouveau relief! Je m'estime heureux de venir épancher mon âme au pied de ces autels, qui ont vu naître, croître et grandir une humilité si parfaite. Je viens raconter, à la louange de cette vertu , tout ce qu'elle a opéré dans M. Jean-François Rigaud , pour en faire un homme apostolique. Vous verrez comment elle forme l'apôtre, comment elle féconde ses travaux, comment elle lui assure la couronne. La vocation de M. Rigaud, sa vie, son martyre, tout s'explique par l'humilité : voilà ceux que le Seigneur envoie : *Isti sunt quos misit Dominus ut perambulent terram.*

I. Le salut du monde, qui est l'unique objet de la mission de Jésus-Christ sur la terre, est aussi l'unique pensée à laquelle Dieu rapporte tous ses desseins et fait concourir tous les événements. Jusqu'où ne va-t-il pas pour sauver une seule âme? Il élève ou renverse les trônes, remue les bornes des empires, bouleverse la terre, et quand, pour parler la langue de Bossuet, il frappe ces grands coups dont le contre-coup porte si loin, ce n'est souvent que pour réveiller en sursaut par les éclats de son divin tonnerre quelque âme endormie près d'un abîme et ranimer sa langueur par une étincelle tombée des hauteurs du ciel. Imaginez par là les soins que prend la miséricorde éternelle pour préparer , former, discipliner les hommes qui éclairent les peuples assis dans les ombres de la mort et qui sauvent les autres en se sauvant eux-mêmes. C'est l'Occident qui les donne à l'Orient, l'ancien monde au nouveau. La France est à la tête des missions, comme elle fut à la tête des croisades. Qu'elle laisse la Hollande , l'Angleterre , les Etats-Unis, se disputer sur les mers le sceptre du commerce et de l'industrie. Elle a dans son génie, dans son caractère, dans sa parole, quelque chose de hardi, d'attrayant, de communicatif et de contagieux, qui sert merveilleusement la propagation de la foi. Mais, prenez garde, même dans la noble terre de France, le missionnaire ne naît pas sous tous les soleils. Il y a des contrées desséchées par le vent de l'impiété ou de l'indifférence; la foi y languit, la grâce du sacerdoce y est négligée, le service des autels s'y recrute à peine; comment y brûlerait-on du désir de faire connaître au loin le vrai Dieu quand on l'ignore soi-même? C'est pour l'Eglise de Besançon un immense honneur d'être demeurée une terre chère à la foi et fertile en apôtres. Le Ciel en soit loué! Notre gloire, bien loin de nous quitter, s'agrandit chaque jour. Les Parennin, les Attiret, les Racle, si célèbres dans les missions du dernier siècle, n'ont pas laissé une succession vacante. Ouvrez les *Annales de la propagation de la foi;* comptez les noms que revendique l'Eglise de Besançon. Plus de quatre-vingts prêtres sortis de son sein évangélisent l'Afrique, la Chine, le Canada, les grandes Indes, les uns formés à l'école de saint Ignace, de saint François ou de saint Dominique, les autres ayant embrassé la généreuse discipline de cette congrégation des Missions étrangères que Fénelon appelait, presque à ses débuts, la maison du Seigneur. O vieille Eglise de Besançon, que tes enfants sont héroïques, que leurs œuvres sont belles et que de palmes ils ont déjà cueillies sur les plus lointains rivages! Tu prêches, tu baptises, tu meurs pour la foi à toutes les extrémités de l'Orient. C'est toi qui triomphais, il y a trente-quatre ans, au fond de la Cochinchine, par le supplice immortel des Marchand et des Gagelin, les premiers-nés des persécutions nouvelles. C'est vers tes montagnes que deux saints évêques viennent de tourner leurs yeux et leurs mains au dernier soupir : l'un, Mgr Cuenot, persécuté, emprisonné, torturé, condamné pour Jésus-Christ, et expirant dans son cachot la veille du jour marqué pour son supplice; l'autre, Mgr Theurel, enlevé à la fleur de l'âge et de l'épiscopat, comme pour ouvrir le ciel à ses deux frères, à ses aînés dans le sacerdoce, qui lui avaient ouvert les portes du sanctuaire [1]. Tu catéchises les Birmans par la bouche d'un évêque [2]; tu bâtis, par les mains d'un autre, la cathédrale de Canton [3]; tes aumônes changent en autel le tombeau de Xavier ; tout ce que ces hommes de Dieu entre-

---

[1] Mgr Theurel mourut le 3 novembre 1868. Le même jour, mourait un de ses frères, M. Charles-François Theurel, curé de Theuley, et six mois après, l'aîné de la famille, M. Jean-Baptiste Theurel, chanoine de Reims.

[2] Mgr Bigandet, évêque de Ramatha, administrateur de la mission de Birmanie.

[3] Mgr Guillemin, évêque de Cybistra, préfet apostolique de Canton.

prennent, accomplissent, souffrent pour le salut de leurs frères, c'est la vivacité de ta foi qui en a le premier mérite et le principal honneur. Ce sont tes sueurs, ce sont tes larmes, c'est ton sang qui coule dans tous les combats. O Ciel, conservez à jamais dans notre généreuse Comté la source de grâces si singulières et si abondantes, et que la terre des Ferréol et des Ferjeux demeure la terre classique des missions (1)!

Ce n'est pas encore assez d'appartenir à une Eglise antique et fidèle pour sentir au dedans de soi les premières étincelles du feu apostolique. Il faut, même dans les meilleures provinces, que cet esprit s'allume et se développe au souffle d'une bouche puissante. A qui devez-vous, mes frères, cette gloire et cette bénédiction que nous célébrons aujourd'hui? A un vénérable curé dont le nom doit être prononcé devant ces autels et dont les restes méritent d'y reposer (2). Rien n'a manqué aux consolations de M. Coutheret, parce que rien n'a manqué à ses mérites. Il a vu cette église agrandie, transformée, couverte de marbres, enrichie de chefs-d'œuvre, et c'est pour honorer ses vertus autant que pour combler ses plus chers désirs, qu'un homme plein de cœur et de foi a fait de cette enceinte, à force de munificence et de goût, la rivale heureuse de nos cathédrales. Mais à côté de ces pierres et de ces toiles où se révèle le génie de l'art chrétien, quelle joie pour ce prêtre d'avoir deviné, formé, ouvert à la grâce trois cœurs d'apôtre! M. Chevalier eut ses premiers soins, et le voilà qui, dès le lendemain de son ordination sacerdotale, prend la route de l'Indoustan et s'établit à Pondichéry, où il livre, depuis plus de trente ans, aux idolâtres et aux hérétiques, les combats d'un zèle qui ne connaît encore ni relâche ni fatigue. Au récit de ses travaux, à la lecture de ses lettres, un jeune lévite formé par le même curé laisse enflammer son grand cœur. Rien n'arrêtera M. Berthet, ni sa débile santé, ni la confiance que lui donnent de nobles familles pour l'éducation de leurs enfants, ni les fonctions plus relevées encore par lesquelles le séminaire de Besançon avait voulu l'attacher à l'éducation des jeunes clercs; rien ne l'empêchera d'exécuter son dessein, rien...., excepté la mort. Il est à Bordeaux, le navire est prêt, le jour du départ arrive et le missionnaire manque à l'appel. Dieu l'avait arrêté au passage; Dieu, se contentant de son généreux et héroïque désir, voulait ramener son corps au milieu

____

(1) Voir la liste ci-après.

(2) M. Isidore Coutheret, né à Lombard le 18 juillet 1799, ordonné prêtre le 1er août 1826, nommé à la cure d'Arc-et-Senans le 9 octobre 1827, mort dans cette paroisse le 21 juillet 1866.

de vous et laisser s'exhaler dans la terre natale les derniers parfums de cette douce et aimable vertu.

Ne nous plaignons pas d'une destinée apostolique ainsi arrêtée dans son essor. Samuel croît à côté d'Héli; M. Rigaud exécutera tout ce que M. Berthet avait souhaité; le saint pasteur qui les forma reposera ses yeux satisfaits sur le travail d'une grâce plus extraordinaire encore. Ecoutez par quels détours cette grâce s'insinue, quels sacrifices elle impose, quelles merveilles elle opère.

Il y a trente-cinq ans une femme chrétienne, frappée d'un coup fatal, mit au monde avant terme son dernier enfant, et cet enfant lui coûta la vie : c'était dans le martyre de la mère le présage de celui du fils. Cependant il fallait rendre une mère à cette famille désolée et tromper ce dernier né, à force de tendresse et de soins, jusqu'à lui faire illusion sur le malheur qui lui donna le jour. Heureux père, qui avez trouvé une seconde épouse digne de la première! vous jouissez maintenant au ciel, bien plus que nous ne saurions le dire, de vos propres mérites et de la gloire de votre maison. Heureuse mère, qui avez été pour ces enfants la mère non selon la nature, mais selon la grâce! jouissez longtemps encore ici-bas, en attendant une vie meilleure, et de l'affection de ceux qui vous restent et des louanges que l'Eglise décerne à ceux qui ne sont plus !

Ces époux chrétiens ambitionnaient pour un de leurs fils les honneurs du sacerdoce. Parmi ces têtes si chères, sur qui s'arrêtera le souffle du Seigneur? Joseph semble d'abord l'élu des divins conseils. Esprit vif, cœur ardent, caractère aimable, on voit éclater en lui tous les dons de la nature et de la grâce, l'intelligence, la pureté, la crainte de Dieu ; élève de nos séminaires, vingt couronnes marquent sa place au premier rang; il a déjà reçu l'habit ecclésiastique ; demain ses cheveux vont tomber sous la main de l'évêque au pied des tabernacles. Non, non, ce n'est pas ce sacrifice que Dieu lui demande, il veut sa vie et il la prend, il veut éprouver sa famille par une perte affreuse; il veut qu'Héli cherche un autre Samuel, qu'Isaï le Bethléémite devine dans sa maison un autre David. Le pasteur hésite, le père doute un instant. Deux fils encore en bas âge restaient à ce père désolé. Il les appelle, les consulte, et laisse parler en eux la voix du Seigneur. O vocation inattendue, c'est le dernier né, c'est François qui s'offre à la place de Joseph. Sa santé est débile, son intelligence médiocre. N'importe, croyez-en sa bonne volonté et son empressement, voilà celui que le Seigneur a choisi. La fleur brillante a été abattue au seuil du sanctuaire ; c'est la petite fleur qui sera placée sur l'autel.

Ainsi naît le missionnaire dans nos contrées. Sa vocation est une œuvre de foi à laquelle concourent les traditions d'une province fidèle, les exemples d'une paroisse chrétienne, les prières et le choix d'un saint prêtre, la piété et les soins de toute une famille. Ainsi Dieu prépare les ouvriers de ses vignes lointaines, en les formant dans sa vigne fidèle et cultivée depuis tant de siècles. C'est maintenant à l'humilité de l'élu de répondre à l'appel d'en-haut. La grâce a commencé l'entreprise ; François, c'est à vous d'achever.

Je le vois d'abord, cet humble enfant, sous les cloîtres de Courtefontaine, où il fait l'apprentissage de l'étude. Sa timidité égale sa douceur, mais sa piété est au-dessus de tout le reste. Il s'entoure des précautions les plus minutieuses, il redoute jusqu'à l'apparence du mal, il tremble de l'avoir appris quand même il ne cesse pas de l'ignorer ; un mot, une ombre, un rien, tout lui fait peur, tant il se défie du monde, même après l'avoir quitté, tant il s'exagère sa propre faiblesse en devenant chaque jour plus vaillant et plus fort. Va, rassure-toi, chaste écolier, Marie te protége, Marie, la Reine bien-aimée de cette pieuse congrégation, où tu as si bien appris à la servir. C'était le désir des frères de Marie, tes premiers maîtres, de t'ouvrir leurs rangs et de mettre à ton doigt l'anneau qui symbolise leur attachement et leur fidélité particulière envers la Mère commune de tous les chrétiens. Non, tu n'as pas trompé ce vœu paternel, qui fait tant d'honneur à leur discernement. Ils se réjouissent aujourd'hui de t'avoir connu et ils rendent grâces à Dieu d'avoir été assez heureux pour aider tes premiers pas dans le chemin de la perfection.

Cependant François, poursuivant le cours de ses classes, quitte les cloîtres de Courtefontaine pour ceux de Marnay et de Vesoul, l'humaniste se forme, puis le logicien, et l'homme apostolique commence à percer. Ah ! comment vous peindre ces séminaires qui méritent si bien leur nom, puisque la bonne semence y pousse de si profondes racines et qu'elle y porte des moissons si abondantes et si magnifiques ! Ce fut l'abri sacré de cette adolescence et comme le paradis terrestre du jeune lévite. François s'humilie en classe, parce que Dieu lui a refusé la facilité qui adoucit l'ennui des longues veilles ; il se mortifie à l'étude, parce qu'il lui faut redoubler d'attention, d'ardeur et de zèle pour suppléer à la nature ; il s'abîme et se confond encore plus durant les visites silencieuses qu'il fait à la chapelle, et il y va prier presque à toute heure, demandant à Dieu de féconder enfin sa bonne volonté, de lui faire savoir s'il agrée des efforts condamnés, ce semble, à une stérilité désespérante. De pieuses lectures raniment et soutiennent son courage. Que de fois les annales des

*

missions n'ont-elles pas vu couler ses larmes sur ces pages qui lui semblaient arrosées du sang des martyrs ! A la première ouverture que la grâce lui fait pour l'inviter à les suivre, il sent que son âme, naturellement timide, s'enhardira auprès des idolâtres et des barbares. Mais n'est-ce pas là une tentation d'orgueil ? Qui l'éclairera ? qui l'autorisera dans ses saintes et naïves espérances ? Il faut interroger les voyants d'Israël.

C'était le temps où le vénérable curé d'Ars achevait dans son presbytère une vie jadis si ignorée, devenue alors l'admiration de la France et l'entretien de l'univers entier. Des pèlerins se pressaient chaque jour par centaines aux pieds de l'homme de Dieu pour le consulter sur les intérêts de leur âme ; d'un regard, le saint prêtre pénétrait leur état, d'un mot il les consolait dans leurs peines, d'un geste il faisait tomber sur eux l'abondance et la plénitude des bénédictions divines. François se mêla un jour à la foule des pénitents qui venaient chercher Jean au fond de son désert, il s'agenouilla devant lui et lui révéla toute sa conscience. Devant tant de pureté et de modestie, l'oracle n'hésite pas. Il relève François, il l'encourage, il l'embrasse et lui dit en se séparant de lui pour ne plus le revoir : « Détachez-vous de vous-même et des choses d'ici-bas ; bientôt vous quitterez vos parents, vos biens, votre patrie, et vous irez dans un pays lointain prêcher le royaume de Dieu. »

Bientôt ! avait dit le curé d'Ars. Quelle consolation et quelle espérance ! C'est avec cette parole que votre jeune concitoyen franchit le seuil du séminaire de Besançon et revêt l'habit de la sainte milice. A ce foyer plus pur encore que celui de la famille, plus lumineux et plus ardent encore que celui du petit séminaire, l'étroite cellule, le calme profond, le recueillement facile, la parole sainte longuement méditée, tout favorise, tout embrase et développe les secrètes aspirations de M. Rigaud. Là son esprit de mortification ajoute encore aux austérités de la règle ; son esprit de prière prolonge durant toute la journée ses entretiens avec le divin Maître ; son esprit de foi lui fait voir, entendre, suivre partout la volonté de Dieu dans les ordres ou dans les désirs de ses supérieurs. Il est pour les yeux les moins clairvoyants le plus simple des enfants du sanctuaire ; mais les plus attentifs, le voyant si régulier et si modeste, aussi doux et aussi affable envers les autres qu'il est sévère et cruel envers lui-même, s'aperçoivent assez qu'il n'a besoin que d'être retenu dans les voies de la perfection, et que sa vertu tranquille, soutenue, toujours égale parce qu'elle est toujours humble, se mettra sans peine à la hauteur des plus grandes épreuves.

Qu'après avoir étudié trois ans la théologie, la science de Dieu et de l'âme, il fasse donc avec une confiance sereine le pas décisif de son sous-diaconat et qu'il se voue, la face contre terre, aux périlleuses entreprises de l'apostolat des nations ! Jamais vocation fut-elle signalée par des marques plus rassurantes ? Dès le lendemain de ses premiers vœux, il emporte au séminaire des Missions étrangères les bénédictions d'un archevêque heureux de reconnaître et d'encourager les âmes d'élite, et que Dieu bénit si visiblement lui-même en lui rendant au centuple la semence sacerdotale qu'il répand au dehors ; il emporte les belles et nobles larmes de son vieux curé et comme les derniers soupirs de cette vie qui achevait de se consumer au service de cette paroisse ; il emporte, par un rare privilége, les encouragements de son père, qui, docile à la volonté de Dieu, n'a songé ni à l'arrêter ni à le retenir, et dont on ne saurait trop louer ici le généreux sacrifice.

Voilà sous quels auspices vous l'avez reçu, vénérable supérieur du séminaire des Missions étrangères, à qui il sied si bien de présider cette fête. Nous l'envoyâmes dans votre maison, il y a huit ans à peine, et vous ne nous rendez aujourd'hui que sa mémoire et son nom. Nous l'envoyâmes avec des prières, et c'est l'histoire de son apostolat, ce sont les couronnes de son martyre, que vous rapportez aujourd'hui à l'autel de sa jeunesse. C'est à vous de faire cette histoire ; mais non, cette histoire est la vôtre ; ce serait vous louer vous-même, et il n'appartient de la dire qu'à ceux qui n'y peuvent mêler, comme moi, que les larmes de leur sincère admiration.

II. D'où vient, mes frères, cette obstination sainte avec laquelle les missionnaires européens vont frapper, la croix à la main, à toutes les portes de la Chine ? La raison humaine s'en scandalise, la politique la condamne, l'esprit national ne la comprend pas ; il n'y a que l'humilité de nos apôtres pour tenir ferme au milieu de toutes les contradictions et de tous les désastres et continuer à répandre, dans l'immense empire du Milieu, ces flots de doctrine, de sueur, de sang, qui semblent disparaître et s'engloutir, comme un soupir à peine entendu, dans les profondeurs incommensurables de l'idolâtrie la plus civilisée et de la plus savante corruption. Et cependant, en dépit des apparences les plus trompeuses, cet empire vingt fois plus grand et vingt fois plus peuplé que la France, cette race si intelligente et si adroite, parvenue, non pas d'hier, mais depuis des siècles, à la perfection de l'industrie et des arts, cette vaste terre où pas un pouce du sol ne reste sans culture, cette nation gouvernée par la science, cette science, plus futile et plus vaine que dans tout le reste du monde et dont le démon anime et soutient l'incroyable orgueil, la Chine, en un mot, avec ses quatre cent millions d'hommes et ses quatre cent mille lettrés, rend tous les jours les armes, pâlit, recule, cède tous les jours devant les humbles missionnaires de l'Evangile. Elle trompe la diplomatie, elle élude les traités, elle lasse par la fourberie ou par la ruse le génie de tout l'Occident; mais là prière des missionnaires opère, en dépit de tant de ressources et de précautions, l'effet surnaturel que Dieu y a attaché; leurs sueurs finissent par tremper d'une rosée féconde ce sol si rebelle à la grâce; le sang versé ne demeure pas sur la tête de ceux qui l'ont répandu, il s'infiltre, il coule à travers les âmes, et, qu'on le sache ou qu'on ne le sache pas, il les convertit par milliers.

Je n'en veux pas d'autre preuve que le modeste récit de l'apostolat de M. Rigaud. Voici un pauvre prêtre qui se dit et qui se croit le dernier des ouvriers évangéliques. Sa science est ordinaire, sa parole n'a ni élégance ni correction, il achève à peine dans ses lettres la phrase commencée, il se plaint à toutes les pages de son ignorance et de sa faiblesse et se déclare incapable de donner le moindre conseil. Tout l'accable, tout lui est contraire dans l'ordre de la nature. Ses disgrâces commencent avec ses fatigues et ne cessent qu'avec sa vie. Avant d'aborder à Macao, il fait naufrage en pleine mer, demeure pendant plusieurs jours exposé presque sans vêtements aux ardeurs du soleil, supporte, sans se plaindre, une faim qui l'abat et une soif qui le dévore. On lui assigne, à l'extrémité du Sutchuen oriental, un district qui s'étend à vingt-cinq lieues et qui se compose de quatre chrétientés; il tombe en langueur dès son arrivée et la maladie paralyse une partie de ses forces. Il quitte la plaine pour la montagne; mais en changeant de district ses épreuves s'aggravent, la persécution s'ajoute à la maladie, et le démon, qui ne peut rien sur son âme, s'acharne à la fois contre son corps et contre les néophytes de ses chrétientés.

Eh bien! ce pauvre missionnaire, perdu parmi les idolâtres, méprisé par les lettrés, combattu à outrance par le démon, est dans toute la rigueur du mot un conquérant des âmes. Beaucoup lui doivent leur retour à la grâce, d'autres leur avancement dans la perfection, nombre de païens la connaissance du vrai Dieu et l'entrée dans le bercail de Jésus-Christ. C'étaient des barbares vivant de pillage et souillés par le meurtre; M. Rigaud les arrache aux plus funestes habitudes et corrige, à force de charité, la cruauté de leurs mœurs. Ils se cantonnaient dans leurs maisons comme dans des forteresses; et lui leur fait quitter leurs armes et leurs remparts pour venir entendre prêcher le Dieu de paix et d'amour. On voyait l'image du démon affichée à leur porte ; mais quand ils retournent chez eux, gagnés par la parole du salut, ils brisent, ils foulent aux pieds l'idole de leurs pères et arborent fièrement la croix de Jésus-Christ. Que d'obstacles aux conversions ! que d'ennuis les précèdent ! que de difficultés les traversent ! que de troubles et de persécutions les suivent ! On vole les néophytes, on brûle leurs maisons, on ravage leurs récoltes, on les poursuit le fer à la main, on les mutile, on les tue. C'est à peine si la maison du mandarin peut leur servir de refuge. Ici l'autorité est trop faible pour arrêter ces brigandages, ailleurs elle leur procure l'impunité par de secrètes connivences, partout elle laisse à l'état de lettre morte les traités qui assurent aux chrétiens la liberté de leur culte, aux idolâtres celle de leur conversion, à nos prêtres celle de leur apostolat. Volez, pillez, frappez, soldats du démon, vous ne ferez que mieux éclater la foi des enfants de Dieu et la puissance de notre missionnaire. M. Rigaud se plaint, il est vrai, dans ses lettres du peu de fruits que son ministère a portés ; il s'écrie que les talents lui manquent, qu'il ne peut suffire à une si grande tâche, que cependant les campagnes blanchissent au loin pour la moisson et qu'elles attendent de meilleurs ouvriers. Mais son humilité l'abuse, voici des chiffres plus éloquents que des paroles : il entend chaque année plus de mille confessions pascales, il instruit près de cent catéchumènes, il baptise de quarante à soixante adultes. O Père, c'est le nom que vos néophytes vous donnent et que vous méritez bien, puisque vous les avez enfantés à Jésus-Christ, ô Père, que voulez-vous de plus ? Non, ce n'est pas vous qui serez condamné comme l'économe infidèle et le figuier stérile, c'est plutôt à nous, prêtres du vieux monde, de trembler et de nous plaindre. Tout croule, tout tombe autour de nous. L'esprit s'enfle, la chair déborde ; l'orgueil monte jusqu'au ciel, la corruption descend jusqu'aux plus incurables profondeurs. Est-ce donc là être chrétien ? Les clefs de la vie sont inutiles dans nos mains : nous vivons au milieu des hérétiques, et nul ne nous demande le vrai baptême ; nous habitons sous les tentes des pécheurs, et presque personne n'implore de nous la vraie pénitence. Est-ce donc là être apôtre ? Allons, allons chercher des esprits plus dociles et des cœurs moins amollis ! O lumière de l'Evangile, vous préparez-vous donc à quitter nos climats et à remonter vers l'Orient ?

Mais où m'emporte un zèle indiscret ! Ce n'est qu'aux parfaits qu'il appartient de rêver ces grandes et consolantes conquêtes des missions. Voulez-vous savoir à quel prix on les obtient, écoutez la vie de M. Ri-

gaud, écrite par le compagnon et le témoin de ses travaux apostoliques.
Il se lève avant le jour et se couche longtemps après le soleil. Sa journée n'est qu'un tissu de mortifications et de prières mêlé des fatigues
de l'enseignement et des mille démarches qu'inspire le zèle ou la charité.
Malgré la coutume qui l'autorise à parcourir à cheval ou en palanquin les
chrétientés de son vaste district, c'est presque toujours à pied qu'il visite
les fidèles et qu'il va porter aux malades les secours de la religion. Il
brave la pluie, il s'enfonce dans la boue des chemins, il fait seize lieues
par jour, et quand il rentre, le soir, dans sa résidence, c'est pour répondre aux lettres pressantes, écrire des notes sur le registre de la mission,
achever son bréviaire, réciter son chapelet, méditer tour à tour et l'Ecri-
ture sainte et le sujet de sa lecture spirituelle ; puis, serrant plus étroite-
ment sa haire sur ses reins et ses chaînes à ses bras, le voilà qui livre à
la discipline sa nature faible, souffrante, épuisée de fatigues, et qui
courbe au pied de son lit, comme Jésus attaché à la colonne du prétoire,
ce corps ensanglanté par les verges. On l'a trouvé, cet instrument de
torture volontaire ; elle s'est usée, cette discipline, sur une chair virgi-
nale où le péché n'avait presque pas laissé de traces, et quand M. Rigaud
ne peut plus cacher tant de pénitence et de mérites : « Allons, dit-il à
son compagnon, promettez-moi de n'en jamais parler. » Mais son pâle
visage, sa voix éteinte, son extérieur recueilli, son regard embrasé de
l'amour divin, tout parle de sa mortification aussi bien que de sa piété. Il
prêche, rien qu'à se faire voir ; on l'écoute, on l'entend, on le devine,
rien qu'à le regarder. Ecoutez cependant quelles paroles simples, con-
vaincues, entraînantes, sortent de sa bouche ; on dirait un disciple du
vénérable curé d'Ars :

« Chers chrétiens, aimons Dieu, aimons-le de tout notre cœur, aimons-
le par dessus toutes choses. Nous venons du bon Dieu par la création, nous
sommes toujours en présence du bon Dieu, nous appartenons au bon
Dieu. C'est l'amour du bon Dieu qui nous rend heureux, c'est l'amour du
bon Dieu qui fait les saints. » Les petits enfants accourent auprès de lui
et viennent lui baiser les mains : « Père, s'écrie l'un d'eux, j'ai bien étudié mon catéchisme ; » un autre : « Je sais ma prière du matin, » et tous
d'une voix unanime : « Père, donnez-nous des médailles, nous les bai-
serons chaque jour et cela nous aidera à penser au bon Dieu. » A ce mot,
le Père n'y tient plus, et, leur distribuant les saintes images : « Oui, aimez
le bon Dieu, craignez de l'offenser, le bon Dieu vous rendra heureux et vous
donnera son paradis. » Ses conversations avec les néophytes sont ani-
mées par une gaieté tendre, mais c'est toujours le nom du bon Dieu

qui les termine. Il dit à l'un : « Pourquoi l'offenses-tu ? — Père, répond le néophyte, je me corrigerai. » — A l'autre : « Que fais-tu chaque jour ? — Des éventails pour gagner de l'argent et nourrir ma famille. — Est-ce tout ? — Oui, je n'ai pas d'autre occupation. — Eh bien, tu n'es donc qu'un impie et un esclave du démon, puisque tu ne penses pas au bon Dieu. — Non, Père, je n'adore plus le démon, j'ai brisé mes idoles, je prie le bon Dieu tous les jours, je l'aime et j'observe ses commandements ; non, je n'irai pas en enfer, mais, s'il plaît au bon Dieu, je monterai au ciel comme Jésus-Christ. » Quelle profession de foi ! quelle naïve espérance ! peut-on trop payer, quand on est prêtre, l'honneur d'aller enseigner, à trois mille lieues, une telle doctrine et la joie de l'entendre redire, avec un tel accent, par des bouches vouées auparavant à l'idolâtrie et au blasphème !

Cet ardent amour pour Dieu avait rempli M. Rigaud d'une vive compassion en faveur des âmes du purgatoire qui soupirent après le Seigneur sans pouvoir en jouir, et des pécheurs qui se tiennent éloignés de lui sans connaître l'étendue de leur disgrâce. Quand un de ses chrétiens venait à mourir, il lui appliquait aussitôt toutes les indulgences dont l'Eglise ouvre le trésor à ses ministres, et il invitait la famille et les amis du défunt à redoubler de supplications et de ferveur pour obtenir la prompte délivrance d'une âme si chère à la charité. Quand un pécheur venait à donner quelque scandale, le bon pasteur en avait l'esprit troublé et le cœur profondément ému pendant des semaines entières. Il s'en humiliait devant Dieu, priant à haute voix, pleurant à chaudes larmes, redoublant d'austérités, mâtant sa chair avec une nouvelle ardeur. Il s'écriait en faisant le récit de la faute : « Ce sont mes péchés qui en sont cause. » Il disait à Dieu : « Frappez-moi, Seigneur, c'est moi qui suis le coupable. » Il disait aux prêtres de sa mission : « Pères, ayons pitié d'eux ; priez pour leur conversion et surtout pour la mienne. »

Ne soyez pas surpris de tant de sollicitudes et de larmes, car il sait à quel rude service se condamnent les pécheurs, il sait de quel maître superbe ils deviennent les esclaves. C'est le propre des saints de lutter contre le démon avec une indomptable énergie et de lui disputer avec une héroïque persévérance l'empire des âmes. Ils continueront ainsi jusqu'à la fin des temps le combat engagé dès le premier jour entre les bons et les mauvais anges. Mais l'esprit des ténèbres ne les épargne pas. Il rôde autour de leur demeure, il trouble leur sommeil, il fond sur eux à l'improviste et avec la violence d'un orage, il les frappe quelquefois d'une main invisible et les laisse comme accablés sous ses coups. Sans doute le monstre que saint **Martin** voyait à son lit de mort, il y a seize siècles, n'a pas cessé de harceler dans nos contrées les grands serviteurs de Dieu ; mais dans tout cet Occident, évangélisé par tant de générations d'apôtres, peuplé de tant d'églises, sanctifié par tant de vertus, et devenu par là bien moins propice à ses entreprises, Satan a perdu sur la nature une grande partie de sa puissance. Les éléments au milieu desquels Dieu lui a permis de se jouer pour séduire les hommes, n'ont plus entre ses mains la docilité première. Cet air incessamment frappé par la voix de la prière, ces eaux que l'Eglise bénit tous les jours, cette terre mêlée aux ossements des saints, ce feu allumé sur des milliers d'autels, ne se prêtent plus à ses artifices ; partout il trouve la croix, et la croix le fait reculer d'épouvante. L'Orient, au contraire, la Chine surtout, est demeurée l'antre du lion furieux. Là ses temples élèvent de toutes parts leurs têtes superbes ; ses images mêlées à celles des ancêtres, attestent qu'il règne depuis des siècles sur le foyer domestique ; son nom est répété dans tous les serments, on l'honore et on l'invoque soir et matin ; il est le tyran commun de l'individu, de la famille et de la société. Voilà le nom que M. Rigaud a toujours sur les lèvres, après celui de Dieu ; voilà l'ennemi qu'il veut démasquer, poursuivre, attaquer partout. Il en parlait à ses chrétiens avec la certitude du capitaine qui a vu l'ennemi et qui mène ses soldats au combat. Il le montrait tantôt embusqué derrière les pompes et les honneurs du monde, tantôt excitant nos passions, déchaînant leur rage, se précipitant au milieu de la tempête qu'il soulève et s'établissant dans le cœur surpris dont il a forcé l'entrée. Il s'écriait, le visage comme animé par la vue surnaturelle du monstre infernal : « Repoussez le corrupteur des âmes, déjouez ses ruses, brisez ses chaînes, maudissez son empire, exécrez son nom à jamais exécrable. S'il est vainqueur, vous êtes perdus. Guerre à Satan ! honte à ses pompes ! haine à ses œuvres ! » A ces mots, l'assemblée tout entière frémissait d'une sainte horreur, et il se formait entre tous ces cœurs, animés de la même foi et transportés par la même parole, comme une ligue secrète et permanente contre l'ennemi du genre humain.

Ai-je besoin de vous raconter avec quelle préparation M. Rigaud montait à l'autel et avec quel recueillement il célébrait les saints mystères ? Des regrets, il est vrai, se mêlent parfois à l'expression de sa douce et tendre piété. Lui qui avait été élevé à l'ombre de ces tabernacles tout couverts d'or et tout resplendissants de lumière, lui qui, dans les années de sa cléricature, avait joui avec tant de délices des pompes de notre église métropolitaine, n'a guère au Su-tchuen qu'un pauvre autel, transporté d'une chrétienté à l'autre avec les vases du sacrifice, ou quelque oratoire à peine bâti, pauvrement orné, et toujours à la veille de s'écrouler sous les coups des idolâtres. Il se rappelait, il y a quatre ans, après avoir célébré la fête de l'Assomption, les magnificences de l'Eglise de Besançon, et, comparant sa pauvreté à nos grandeurs, il peignait d'une plume trempée de ses larmes sa misérable chapelle où il n'y avait ni pieuse image pour parler aux yeux, ni chants sacrés pour captiver l'oreille. Mais les humbles chrétiens qui l'entourent sont venus de loin, ils sont pauvres et ils n'ont apporté avec eux qu'un peu de riz, ce pain que Dieu a donné à l'Orient, et qui nourrit tant de millions d'hommes. M. Rigaud n'a pas pu les loger, tant sa maison est étroite. Une famille païenne s'est mêlée à la foule, elle semblait venir pour adorer le vrai Dieu, mais elle est partie sans déclarer sa foi, voilà le regret du missionnaire. En revanche, il a fait dix catéchumènes, voilà son espérance et sa joie (1). Et nous, comment pourrions-nous le plaindre malgré sa pauvreté? quelle parure plus belle souhaiterions-nous à nos temples que de tels chrétiens à fortifier et de tels catéchumènes à instruire ! Je vous ai dit ses regrets et ses joies tels qu'il les exprime dans les épanchements de sa correspondance ; il faut vous dire aussi ce qu'il n'a jamais avoué, ce qu'il n'a jamais nié, la récompense la plus miraculeuse que la foi puisse obtenir à l'humilité sacerdotale. Un jour qu'il célèbre la messe dans la pauvre maison d'un potier, l'enfant Jésus apparaît entre ses mains la tête environnée d'une couronne lumineuse, et il se tient au-dessus du calice, non-seulement aux yeux du prêtre, mais à ceux des assistants, jusqu'à ce que les saintes espèces aient été consommées. Il ne servira à rien à M. Rigaud de cacher le prodige qui fait tant rougir sa modestie ; deux néophytes ont vu, comme lui, l'adorable enfant ; leur témoignage l'atteste, et leur vertu extraordinaire confirme leur témoignage. Heureuse maison du potier, que peux-tu envier à nos basiliques? Ah ! j'en tire le plus heureux présage pour la conversion de l'empire du Milieu. Le démon s'enfuira, les idoles tomberont, comme autrefois en Egypte, devant le Jésus sorti de cet autre Bethléem. Pour nous, croyons, aimons, adorons sous les voiles du Sacrement celui que ces néophytes ont vu de leurs yeux, celui que ce missionnaire a touché de ses mains, sans voiles et sans mystère. Voici l'autel où M. Rigaud a cru et adoré l'Agneau de Dieu qu'il a mérité de voir sous un autre ciel; voilà le ciel où nous verrons cet Agneau sans tache couronné d'une auréole qui ne s'évanouira plus.

(1) Lettre de M. Rigaud à M. Chératon, directeur au séminaire de Besançon.

Après de telles faveurs, jugez si M. Rigaud devait aimer une mission qui était pour lui la terre des miracles. Son évêque envoyait auprès de lui, comme à l'école de la sagesse même, les jeunes missionnaires, pour les initier aux coutumes du pays, les aider à vaincre les difficultés de la langue, et surtout pour leur apprendre à chérir, à son exemple, leur nouvelle patrie. Recueillons le témoignage de M. Hue, qui eut pour cet autre Paul toute l'affection d'un autre Timothée [1]. Le maître s'estime heureux de former un tel disciple : tantôt il l'égaie par ses aimables jeux, tantôt il l'intéresse par le récit de ses courses évangéliques; il le conduit à l'autel, il appelle les chrétiens pour le saluer et pour prier sur lui; un père n'a ni plus de sollicitudes ni plus de tendresse que M. Rigaud n'en témoigne à ce jeune compagnon d'armes. Croissez, fortifiez-vous à cette grande école, ô nouvel apôtre de Jésus-Christ, vous n'avez pas trois ans à en jouir. Ces entretiens qui font vos délices, ces exemples d'une si haute perfection, ces jeûnes redoublés, ces traits extraordinaires de mortification et de ferveur, vont mériter à M. Rigaud la gloire du martyre. O Elisée, le char s'apprête, le ciel s'ouvre, regardez, suivez des yeux Elie, votre père, vous allez le perdre, et il ne vous restera plus sur les lèvres que les paroles d'une admiration éplorée et d'une reconnaissance filiale : *Pater mî, pater mî, currus Israël et auriga ejus* (2) !

III. A l'extrémité orientale du vicariat apostolique du Su-tchuen, s'étend le district de Yeou-Yang, qui, naguère, ne comptait pas moins de onze mille adorateurs du vrai Dieu. Un loup ravisseur, le général Tien, est venu porter, il y a cinq ans, le fer et la flamme dans cette florissante chrétienté. Privé de ses dignités, condamné à mort par l'empereur, il parcourait l'empire malgré sa disgrâce et animait les peuples, sur son passage, de la haine la plus aveugle et la plus sanguinaire contre les missionnaires et les néophytes. Gouverneurs des provinces, mandarins des cités, tout tremblait devant lui. Plus de mille familles furent ruinées par les bandes de pillards qui s'organisèrent sous ses ordres ; leurs maisons furent pillées ou détruites, leurs champs mis en vente, et de cette magnifique mission, il ne resta plus que des malheureux errant çà et là, demandant l'aumône, sans vivres, sans vêtements, sans remèdes, dont

(1) Lettre de M. Hue, prêtre du diocèse de Séez, membre de la congrégation des Missions étrangères, à M. Delpech, supérieur du séminaire de Paris, et à MM. les directeurs de la maison, 12 avril 1869. C'est à cette lettre que nous avons emprunté la plupart des détails donnés sur l'apostolat et le martyre de M. Rigaud.

(2) *IV Reg.*, 13-14.

nos prêtres demeurent depuis cinq ans la consolation et la Providence.

Ce fut au milieu de ces ruines qu'un jeune et courageux Breton, M. Mabileau, alla le premier relever l'étendard de Jésus-Christ (1). Il y vécut six semaines au fond d'une pagode, raillé par la foule, persécuté par les chefs militaires, méconnu, sinon trahi par les mandarins, demandant justice et protection au nom des traités, pour le malheureux troupeau dont il était le pasteur. Il demandait la justice, on ne lui répond que par le martyre. Sa retraite est envahie au milieu de la nuit, on le saisit, on l'accable de coups, on le traîne dans les rues de la ville, on le jette à demi mort au fond de la rivière, on l'y plonge et on l'en retire à trois reprises, et quand on s'aperçoit qu'il respire encore, on étouffe sous une pierre énorme ses derniers soupirs. Ainsi naquit au ciel le premier martyr du Su-tchuen.

Les ruines arrosées par ce sang généreux se relevaient à peine, quand M. Rigaud fut envoyé pour consoler les fidèles captifs chez ce peuple barbare. Ici l'humilité qui le distingue apparaît dans tout son jour. Nommé supérieur de la mission de Yeou-Yang, il se croit bien au-dessous d'une telle charge, et il n'omet rien d'abord pour la décliner, puis pour s'en démettre. Les lettres les plus pressantes écrites à son évêque demeurent sans résultat. Il imagine d'employer ses prêtres eux-mêmes pour obtenir ce qu'il appelle une justice pour les autres, une grâce pour sa propre faiblesse : on se refuse à ses désirs, et l'humilité éclate encore dans sa résignation : « Vous ne me connaissez pas, s'écrie-t-il en fondant en larmes, je suis un misérable, tout autre que moi ferait bien mieux les affaires de la mission. »

Ah ! que cette humilité aime à se faire illusion ! Qui donc aurait montré plus de calme et plus de douceur dans le maniement des affaires ? Qui aurait opposé plus de patience et de grandeur d'âme aux injures des persécuteurs ? Qui aurait mieux inspiré à ses prêtres, à son peuple, la discrétion et la charité, si nécessaires dans des conjonctures si difficiles ? Quand il avait été en butte aux insolences et aux brutalités du préfet, et que, non content de ne pas faire droit à ses réclamations, ce triste magistrat l'avait traité en ennemi de l'empire, il rentrait du prétoire la sérénité sur le front et la prière sur les lèvres. Son premier soin était de contenir la juste indignation de ses compagnons apostoliques. Il les reprenait douce-

____

(1) M. François Mabileau, né à Paimbœuf le 1er mars 1829, élève du séminaire de Nantes en 1852 et du séminaire des Missions étrangères en 1857, parti pour la Chine en 1859, mis à mort le 29 août 1865, en haine de la religion.

ment, il leur disait : « Ayons patience, que gagnerait-on à blesser le mandarin? Cela ne servirait qu'à précipiter nos malheurs. » Ces mots et d'autres semblables calmaient la noble impatience de ses prêtres et de ses néophytes ; sa gracieuse amabilité lui gagnait même le cœur de ses ennemis, et les mandarins qui lui refusaient la justice ne pouvaient se refuser à faire son éloge.

Les hommes les plus faibles ont des heures de décision et de courage ; les plus criminels se montrent parfois sensibles à la vertu ; seul le démon la persécute sans trève ni merci. A force de s'anéantir lui-même, l'intrépide apôtre était devenu terrible à Satan ; Satan, voyant refleurir les ruines de nos églises, jura de briser la main qui les relevait.

Ecoutez comme l'orage se forme au loin, grossit chaque jour, se rapproche peu à peu, et envoie aux oreilles de l'humble et prudent supérieur ses bruits menaçants. Une bande de persécuteurs s'est formée dans les montagnes voisines, jurant d'exterminer le nom de Jésus-Christ. Leur chef écrit sur son drapeau : « Par ordre impérial, détruisons la religion chrétienne et massacrons les Européens. » Il soulève autour de lui toutes les ignorances et toutes les passions, il assemble tous ceux qui ont les mains teintes du sang de nos frères ou qui possèdent injustement leurs biens : « Massacrons les prêtres, leur disait-il, parce qu'ils viennent enseigner en Chine la religion du maître du ciel et qu'ils détruisent nos idoles ; massacrons les chrétiens, parce qu'ils écoutent ces pernicieuses doctrines et qu'ils nous intentent des procès pour nous faire restituer leurs champs ou leurs maisons. » Que voulez-vous de plus après ces proclamations impudentes ! N'est-ce pas la guerre déclarée au symbole et au décalogue, à toute la religion et à toute la morale, une guerre d'extermination contre la vérité et la justice ?

Quinze jours à peine se sont écoulés que les tristes effets de ces paroles impies se font sentir partout. L'incendie éclate dans les campagnes, les chrétiens n'ont plus d'asile, leurs parents même refusent de les recevoir, de peur d'être enveloppés dans leur disgrâce, et voilà que près de cent néophytes, hommes, femmes, enfants, chassés par les persécuteurs, viennent se réfugier dans les bras de M. Rigaud. Ils n'avaient pas besoin de raconter leurs disgrâces ; leur misérable état les disait assez. Que fera le bon pasteur ? Il les accueille, il les loge, il les nourrit, il porte encore une fois aux pieds de l'indigne mandarin leurs vives et respectueuses doléances. On l'écoute, on le rassure, on le trompe par des paroles hypocrites, on lui affirme avec serment qu'il n'y a rien à craindre et que l'autorité répond de la tranquillité publique.

Cependant les fêtes de Noël approchent, et M. Rigaud partage avec son compagnon les travaux spirituels du zèle apostolique. Il est décidé que M. Hue ira visiter les chrétientés du voisinage et qu'il célébrera au milieu d'elles la naissance du Rédempteur ; le supérieur demeurera dans la ville et tiendra seul tête à l'orage. Les deux missionnaires se confessent l'un à l'autre et se séparent pour ne plus se revoir. C'était pour M. Rigaud la confession de l'agonie, pour M. Hue celle des adieux. Plus serein et plus joyeux encore qu'à l'ordinaire, le supérieur de la mission pare son église, instruit et réconcilie ses ouailles, et célèbre avec une merveilleuse piété, après la solennité de Noël, ces fêtes si pathétiques de saint Jean, de saint Etienne, des saints Innocents, de saint Thomas de Cantorbéry, qui ne parlent au prêtre que de tourments à souffrir, de sang à répandre, de palmes à cueillir sur les échafauds. Quelle préparation pour l'âme du saint missionnaire ! O ciel ! qui t'es ouvert aux regards d'Etienne, ne ferme pas encore tes portes éternelles ; confesseurs de Jésus-Christ, ouvrez vos rangs, que les anges apprêtent une nouvelle couronne et que que l'armée triomphante des martyrs entonne l'hymne des grandes batailles.

Déjà le bruit de la persécution augmente et la troupe des meurtriers déploie au-dessus de la ville ses superbes étendards. Ils n'étaient que quatre pour assassiner Thomas de Cantorbéry, ils sont plus de sept cents qui ont juré la mort de François. Que fera le confesseur ? Il pourrait fuir ; mais s'il fuit, que deviendra son Eglise ? que deviendra son troupeau ? Ses catéchistes le pressent de se sauver : « Venez, Père, sortez bien vite, voilà l'ennemi, il est temps encore de l'éviter, bientôt vous ne le pourrez plus. » Non, M. Rigaud ne bougera pas. Le capitaine meurt à son poste tant qu'il reste un soldat à commander ; le prêtre meurt dans son église tant qu'il reste un fidèle à consoler, à réconcilier, à bénir. L'église est cernée, le soir arrive, l'heure du crime sonne, les portes tombent avec fracas sous la poudre qui les fait sauter et sous la hache qui les brise. Apôtre de Jésus-Christ, où êtes-vous ? Mille regards le cherchent, mille bras le menacent, mille poignards et mille glaives veulent le frapper.

Quoi ! vous ne le voyez pas, tant la colère vous aveugle, tant la fureur vous transporte ! Le voilà dans l'attitude de la prière, comme Jésus-Christ au jardin des Oliviers quand Judas vient le surprendre. Le voilà plus tranquille et plus ferme que jamais ; il est à genoux sur les marches de l'autel, il prie, il prêche, il s'offre en holocauste, il offre sa vie pour ses persécuteurs et pour son troupeau. Mais les persécuteurs n'épargnent rien, le troupeau meurt avec le pasteur, cinquante néophytes tombent à côté de l'apôtre, l'autel est baigné de sang, l'église est livrée aux flammes, et Satan triomphe sur un monceau de ruines qui recouvrent à peine un monceau de cadavres.

Satan triomphe ! Ah ! que dis-je ? A-t-il triomphé par le supplice de saint Etienne ou par celui de saint Thomas ? Eh bien , c'est le même témoignage qui vient d'être rendu à Jésus-Christ ; c'est le même sang qui vient de couler dans l'extrême Orient ; c'est la même cause que le démon perd autant de fois qu'il semble la gagner ; c'est la France, c'est le séminaire des Missions étrangères qui vient de donner à l'Eglise , dans les mêmes lieux et en moins de trois ans, et un nouvel Etienne et un nouveau Thomas. M. Mabileau, cet autre Etienne, a été traîné hors de la ville par les bourreaux, là il a prié d'une voix puissante, là il a versé son sang pour le salut de ceux qui lui donnaient la mort : *Extrà portam passus est.* Que l'Eglise de Nantes, qui l'a mis au monde , se couronne des premières palmes de la victoire et commence le cantique d'actions de grâces. M. Rigaud, comme un autre Thomas, a attendu les bourreaux au pied de l'autel, il est tombé, comme lui, devant le tabernacle, et son sang s'y est mêlé au sang de l'Homme-Dieu. Que l'Eglise de Besançon d'où il est sorti se revête à son tour de ses habits de gloire et continue l'hymne triomphale des martyrs. O Bretagne , ô Franche-Comté, ce n'est pas la première fois que vous vous trouvez ensemble à la peine ; et pour vous la peine, c'est toujours l'honneur. Vos fils se sont rencontrés au pied des sept collines comme dans l'empire du Milieu. A vous, fils de l'Armorique, l'initiative des grands combats et l'ardeur du premier choc ; à nous , fils de la Séquanie, de soutenir cet essor et d'agrandir ce renom glorieux. A vous les Guérin, les Pimodan, les Lamoricière , qui ont fait triompher la défaite de Castelfidardo à l'envi des plus belles victoires ; à nous les Dufournel qui sont tombés sous le même drapeau, à la veille d'une nouvelle bataille, pour acheter à l'Eglise l'immortelle journée de Mentana. Partez maintenant, partez des rives de l'Océan et des hauteurs du Jura, prêtres et guerriers, suivez les héros sous les murs de Rome, les martyrs aux pieds écroulés de la grande muraille. Allez chercher sous les débris fumants de leur modeste autel le sang des deux confesseurs, rapportez dans leur province les restes de leur corps et les instruments de leur supplice. Un jour, j'en ai la confiance, nous enchâsserons dans l'or ces précieuses dépouilles; Arc aura comme Paimbœuf un autel nouveau ; et l'écho des grandes vagues comme celui des grandes montagnes redira, d'une extrémité de la France à l'autre, à Nantes comme à Besançon, dans deux églises également chères à la foi, les noms des deux martyrs du Su-tchuen, unis à jamais dans la même mission, dans la même mort, dans la même gloire et dans les invocations de la même piété.

En attendant ce grand jour, que verront, je n'en doute pas, plusieurs de ceux qui m'écoutent, laissez-moi vous dire que votre cher François vit en Dieu, mais qu'il est près de vous, qu'il se meut et se transporte de France en Chine avec l'agilité des purs esprits, et qu'ici et là il continue à aimer, à servir toutes les nobles causes qui ont passionné sa grande âme. J'en atteste ces paroles de saint Pierre : « J'aurai soin, dit l'apôtre, d'être souvent avec vous après ma mort, afin que vous gardiez le souvenir de ces choses : *Dabo autem operam et frequenter habere vos post obitum meum, ut horum memoriam faciatis* (1). » Oui, cher enfant, modèle d'obéissance et de respect filial, vous reviendrez dans cette terre natale pour consoler la noble vieillesse de celle qui a voulu être votre mère, soutenir la foi de tous ceux qui portent votre nom, encourager le zèle et les efforts du nouveau pasteur, et vous serez encore, auprès du pasteur comme auprès du troupeau, ce que vous avez été durant les jours de votre vie mortelle, l'ange de la paroisse. Chaste écolier, vous reviendrez souvent dans les séminaires que vous aimiez et vous y inspirerez encore la véritable amitié. Modèle de la cléricature, vous reviendrez parmi les jeunes clercs pour conseiller les sacrifices difficiles et vous entraînerez dans votre patrie d'adoption une nouvelle légion d'apôtres. Missionnaire intrépide, vous aurez pour les confrères que vous avez laissés à la tâche une parole amie, un regard enflammé, une bénédiction permanente. Martyr glorieux, vous ferez germer de toutes les gouttes de votre sang autant de chrétientés nouvelles, on montrera un jour les églises bâties dans les lieux où vous avez souffert pour la foi, et l'on dira de vous en prononçant dans cette chaire le panégyrique d'un saint : Voyez comme le mot des Pères continue à se vérifier jusqu'aux extrémités du monde et jusqu'à la fin des temps : Le sang des martyrs est toujours la semence des chrétiens : *Sanguis martyrum semen christianorum.*

(1) *II Pet.*, i, 15.

LISTE DES PRÊTRES DU DIOCÈSE DE BESANÇON

QUI ONT ÉTÉ EMPLOYÉS DANS LES MISSIONS.

MISSIONS D'ASIE.

Congrégation des Missions étrangères.

† FERREUX, Pierre, né à Besançon, nommé évêque de Sabula, parti en 1680, mort le 11 janvier 1698. Mission de Siam.

† CUENOT, Etienne - Théodore, né à Noël-Cerneux le 8 février 1802, élève du séminaire en 1821, parti en 1828, sacré évêque de Métellopolis en 1835, condamné à mort pour la foi et mort dans la prison le 14 novembre 1861. Mission de Cochinchine.

† PONÇOT, Joseph, né à Vy-le-Ferroux le 3 mai 1805, élève du séminaire de Besançon en 1826, ordonné prêtre le 19 septembre 1829, parti en 1830, nommé en 1843 évêque de Philomélie, vicaire apostolique dans la mission du Sunnam.

† BIGANDET, Paul-Ambroise, né à Malans le 13 août 1813, élève du séminaire de Besançon en 1831, ordonné diacre à Besançon le 6 septembre 1835, parti en 1837, sacré évêque de Ramatha en 1856, coadjuteur du vicaire apostolique de la Malaisie, administrateur de la mission de la Birmanie.

† GUILLEMIN, Philippe-François-Zéphirin, né à Vuillafans le 16 mars 1814, élève du séminaire de Besançon en 1835, ordonné prêtre le 8 septembre 1839, vicaire de la métropole, puis secrétaire de l'archevêché à Besançon, parti en 1848, sacré par le pape évêque de Cybistra en 1857, préfet apostolique de la mission de Kouang-tong, Kouang-si et Haïnau.

† THEUREL, Simon-Joseph, né à la Rochelle le 27 septembre 1829, entré laïque au séminaire des Missions étrangères le 28 septembre 1849, ordonné prêtre le 5 juin 1852, parti le 19 septembre 1852, missionnaire au Tong-King occidental, sacré évêque d'Acanthe et coadjuteur en 1859, vicaire apostolique en 1866, mort à Ninh-Phu, chef-lieu de la mission, le 3 novembre 1868.

THIÉBAUD, Antoine, parti en 1765, mort le 11 février 1790. Missionnaire au Tong-King.

DESCOURVIÈRES, Jean-Joseph, né à Besançon, parti en 1776, procureur à Macao, revenu comme directeur à Paris en 1788, mort à Rome le 6 août 1804. Missionnaire en Chine.

PERRIN, Jean-Charles, parti en 1777. Missionnaire à Pondichéry.

LEROI, Jean-François, né à Vesoul, parti en 1780, mort le 20 août 1805. Missionnaire au Tong-King.

PETITJEAN, Claude-Antoine, parti en 1781, mort le 11 septembre 1783. Missionnaire à Pondichéry.

VILLEMIN, Pierre-Claude-Alexis, parti en 1781, mort à Siam.

BOURGOING, François, parti en 1784, mort le 10 avril 1790. Missionnaire à Pondichéry.

GIRARD, François-Joseph, parti en 1785, mort en décembre 1812. Missionnaire en Cochinchine.

LÉTONDAL, Claude-François, parti en 1785, procureur à Macao, mort à Pondichéry le 17 novembre 1813. Missionnaire en Chine.

MOTTET, Nicolas-Marie-Joseph, né à Vauvillers, parti en 1785, mort le 29 septembre 1833. Missionnaire à Pondichéry.

GRILLET, Jean-Claude, parti en 1788, mort le 27 avril 1812. Missionnaire en Cochinchine.

JAROT, Balthasar, parti en 1792, mort le 22 mai 1823. Missionnaire en Cochinchine.

JOURDAIN, Etienne, né à Besançon, parti de Londres en 1799, mort le 25 juillet 1803. Missionnaire en Cochinchine.

BAROUDEL, Jean-Jacques-Louis, né à Besançon, parti en 1816, procureur à Macao, revenu comme directeur au séminaire de Paris. Missionnaire en Chine.

GAGELIN, François-Isidore, né à Montperreux le 10 mai 1799, entré au séminaire de Besançon en 1817, parti en 1820, mis à mort pour la foi le 17 octobre 1833. Missionnaire en Cochinchine.

MARETTE, François-Xavier, né à Noirmont, parti en 1828. Missionnaire au Tong-King.

MARCHAND, Joseph, né à Passavant (Doubs) le 17 août 1803, élève du séminaire de Besançon en 1826, ordonné prêtre à Paris en 1829, parti en 1829, mis à mort pour la foi le 30 novembre 1835. Missionnaire en Cochinchine.

SIMONIN, Charles-Emmanuel, né à Saint-Barthélemy le 4 septembre 1799, élève du séminaire de Besançon en 1825, ordonné prêtre le 8 octobre 1828, d'abord vicaire, puis curé à Breurey-lez-Faverney et à Gourgeon, parti en 1834, missionnaire au Tong-King, revenu en France pour cause de maladie en 1848.

CLAUDET, Jean-Joseph-Stanislas, né à Sainte-Colombe le 19 novembre 1803, élève du séminaire de Besançon en 1828, ordonné prêtre le 22 septembre 1833, parti en 1837, décédé le 25 août 1853. Missionnaire à Siam.

CHEVALIER, Joseph-Augustin, né à Arc-et-Senans le 17 mars 1814, élève du séminaire de Besançon en 1833, ordonné prêtre à Besançon le 3 septembre 1837, parti en 1838. Missionnaire à Pondichéry.

CHOPARD, Pierre-Marie-Joseph, né à la Grand'Combe de Morteau le 6 janvier 1816, ordonné prêtre à Besançon le 8 septembre 1839, d'abord aumônier du collége de Pontarlier, parti en 1841, mort à Merguy le 25 juin 1845. Missionnaire aux îles Nicobar.

VIROT, Antoine, né à Vars le 4 janvier 1815, élève du séminaire de Besançon en 1838, parti en 1842, mort en 1846. Missionnaire à Pondichéry.

DUCOTEY, François-Xavier, né à Frahier, parti en 1844. Missionnaire en Birmanie.

GARNIER, Claude-Nicolas, né à Tincey le 16 octobre 1819, élève du séminaire de Besançon en 1839, entré sous-diacre au séminaire des Missions étrangères en 1843, parti en 1844, mort le 19 novembre 1846. Missionnaire à Pondichéry.

SAGE, Ferréol, né à Alaise le 15 mars 1818, élève du séminaire de Besançon en 1838, ordonné prêtre en septembre 1842, d'abord vicaire à Pontarlier, parti en 1846. Missionnaire au Su-Tchouan, mort en 1867.

VAUTHIER, Charles-Louis, né à Flangebouche le 4 novembre 1820, parti en 1847, mort en 1848. Missionnaire à Coïmbatour (Inde).

BEURET, François, né à Villers-la-Ville le 5 décembre 1824, parti en 1851, décédé le 14 septembre 1853. Missionnaire au Laos.

PERNY, Paul-Hubert, né à Pontarlier le 21 avril 1818, ordonné prêtre à Besançon le 15 avril 1843, d'abord vicaire à Notre-Dame de Besançon, parti en 1847. Missionnaire au Su-tchuen occidental.

ARNOUX, Charles-Just, né au Mémont le 15 mars 1825, élève du séminaire de Besançon en 1846, du séminaire des Missions étrangères en 1848, parti en 1850, décédé le 25 novembre 1864. Missionnaire dans la Cochinchine orientale.

CONTANT, Charles, né à Bonboillon le 26 février 1823, parti en 1850, mort le 30 mai 1862, en Malaisie.

PERNOT, Jean-Claude, né à Vesoul le 17 octobre 1823, élève du séminaire de Besançon en 1843, ordonné prêtre le 15 avril 1847, d'abord vicaire à Port-sur-Saône, parti en 1852, rappelé comme directeur à Paris en 1861.

DUCAT, Pierre-François-Joseph, né à Besançon le 6 novembre 1822, élève du séminaire de Besançon en 1848, ordonné prêtre le 5 septembre 1852. Missionnaire à Siam, mort à Bangkok le 25 avril 1862.

BERTHET, Jean-Edouard, né à Arc-et-Senans le 30 décembre 1823, élève du séminaire de Besançon en 1845, ordonné prêtre le 22 décembre 1849, d'abord directeur au séminaire de Besançon, entré au séminaire des Missions étrangères en 1859, mort à Bordeaux, partant pour la Chine, le 18 mars 1860.

ROY, Jean, né à Pontarlier en 1821, élève de la maîtrise de Besançon, parti en 1856, provicaire dans la mission de la Cochinchine orientale.

RIMET, Joseph-Victor, né à Jussey le 25 septembre 1827, élève du séminaire de Besançon en 1850, ordonné prêtre en 1854, d'abord vicaire à Saint-Maurice de Besançon, parti en 1860. Missionnaire au Su-tchuen occidental.

RIGAUD, Jean-François, né à Arc-et-Senans le 2 juin 1834, entré sous-diacre au séminaire des Missions étrangères le 9 septembre 1860, ordonné prêtre le 2 décembre 1861, parti le 31 mars 1862, missionnaire au Su-tchuen oriental, massacré en haine de la foi à Yeou-Yank-Tcheou, le 2 janvier 1869.

BOLARD, Clovis, né à Vernierfontaine le 6 octobre 1824, parti en 1852. Missionnaire à Pondichéry.

Paris, Pierre , né à Rioz le 20 janvier 1822 , ordonné prêtre le 7 septembre 1851, parti en 1855. Missionnaire dans la Malaisie.

Rappart , Jules-Eugène , né à Villersexel le 9 janvier 1833 , entré au séminaire de Besançon en 1853 et au séminaire des Missions étrangères en 1855, parti en 1857. Missionnaire au Mayssour.

Graby , Théodule-Etienne , né à Quingey le 7 avril 1828 , ordonné prêtre à Besançon le 27 août 1854 , parti en 1860. Missionnaire au Coïmbatour.

Renevier , Pierre-Marie-Louis , né à Gy le 5 avril 1835 , parti en 1860. Missionnaire à Pondichéry.

Guerrin, Claude-Louis-Léon, né à Besançon en 1836, élève du séminaire de Saint-Sulpice en 1856 , ordonné prêtre à Besançon le 22 décembre 1860 , d'abord professeur au collége de Saint-François-Xavier de Besançon, parti pour la Chine en 1864, rappelé à Paris en 1867 comme directeur du séminaire.

Tournier, Charles-Adolphe, né à Morteau le 10 octobre 1837, entré au séminaire de Besançon en 1858 , ordonné prêtre le 20 septembre 1862, d'abord vicaire à Pontarlier, parti en 1866. Missionnaire dans la Cochinchine occidentale.

Joly, Jean-François-Amédée, né à Tincey en 1845, élève du séminaire de Saint-Sulpice en 1863 , ordonné à Paris, parti en 1867. Missionnaire au Cambodge.

Vivier, Etienne , né à Cerre-lez-Noroy le 22 janvier 1842 , élève du séminaire de Besançon en 1864 , parti en 1868. Missionnaire dans la Cochinchine orientale.

Jésuites.

Les Pères

Parrenin, Dominique , né au Russey en 1665, missionnaire en Chine dès 1698, mort à Pékin le 27 septembre 1741.

Gury, parti en 1838. Missionnaire au Maduré.

Billotet , Charles-Marie-Edouard , né à Villefrancon le 4 mars 1812 , élève du séminaire de Besançon en 1832 , ordonné prêtre le 4 septembre 1836 , d'abord vicaire de Rioz, puis curé de Courchapon, entré dans la compagnie de Jésus en 1842, massacré par les Druses en Syrie au mois de juillet 1860.

Deschamps, Claude-François-Hippolyte , né à Faucogney le 24 juillet 1810 , élève du séminaire de Besançon en 1829 , ordonné prêtre le 3 novembre 1833, curé à Fouvent-le-Haut , entré dans la compagnie de Jésus en 1842 , mort le 16 octobre 1843.

Dhoutaut, Jean-François-Justin, né à Saules le 4 septembre 1811 , élève du séminaire de Besançon en 1833, ordonné prêtre le 6 septembre 1835, vicaire à Rioz, à Levier et à Combeaufontaine , entré dans la compagnie de Jésus en 1843, missionnaire en Syrie, mort en 1845.

Burthey , Benoît, né à Luxeuil le 20 septembre 1818 , élève du séminaire de Besançon en 1840, entré dans la compagnie de Jésus en 1842. Missionnaire au Maduré dès 1846.

Cuche, Pierre-Philippe, né à Orchamps-Vennes le 1er mai 1818, élève du séminaire de Besançon en 1840, entré dans la compagnie de Jésus en 1843. Missionnaire en Syrie en 1846.

Laurent, Joseph-Sylvain, né à Fertans le 2 janvier 1817, élève du séminaire de Besançon en 1839, ordonné prêtre le 10 septembre 1843, entré dans la compagnie de Jésus en 1844. Missionnaire en Syrie.

Rousseau, Jean-Louis, né à Mont-lez-Etrelles le 19 avril 1798, élève du séminaire de Besançon en 1829, ordonné prêtre le 21 septembre 1833, vicaire à Fresse, curé à Rupt et à Velleguindry, entré dans la compagnie de Jésus en 1855, missionnaire en Syrie, mort à Saïda le 24 mars 1861.

Vuillermet, né à la Chapelle-d'Huin, entré dans la compagnie de Jésus en 1845, missionnaire au Maduré dès 1847.

Guyornaud, Joseph, né à Besançon le 17 mars 1821, entré dans la compagnie de Jésus en 1843. Missionnaire en Syrie et professeur au collége de Ghazir.

Droz-Bartholet, Germain, né à Pontarlier le 6 mars 1835, élève du séminaire de Besançon en 1852, entré en 1853 dans la compagnie de Jésus. Missionnaire en Syrie en 1867, et professeur au collége de Ghazir.

Roze, François-Xavier-Joseph, né à Mailley le 10 août 1834, entré dans la compagnie de Jésus le 23 octobre 1855. Missionnaire en Syrie et procureur du collége de Ghazir.

Lazariste.

Maréchal, Arsène, né à Amancey le 17 avril 1826, entré au séminaire de Besançon en 1851, ordonné prêtre le 9 septembre 1855, d'abord vicaire à Bretigney, entré chez les Lazaristes en 1858. Missionnaire à Constantinople et à Tripoli de Syrie.

MISSIONS D'AFRIQUE.

Le P. Jouen, Louis, né à Toutainville (Eure), le 18 juin 1805, incorporé au diocèse de Besançon en 1835, chanoine de la métropole et secrétaire particulier de Mgr Mathieu, entré dans la compagnie de Jésus en 1839, préfet apostolique à Madagascar.

Le P. Bobilier, Charles-Séraphin, né à la Grand'Combe le 1er novembre 1817, élève du séminaire de Besançon en 1841, entré dans la compagnie de Jésus en 1842, parti le 10 septembre 1844 pour Madagascar.

Le P. Bouchez, Claude-Germain, né au Petit-Magny le 9 juin 1819, élève du séminaire de Besançon en 1839, entré dans la compagnie de Jésus en 1842. Missionnaire en résidence à Alger.

Le P. Ducat, Henri-Jean-François, né à Besançon le 9 juin 1820, élève du séminaire de Besançon en 1846, ordonné prêtre le 8 septembre 1850, d'abord vicaire à Champlitte, entré dans la compagnie de Jésus en 1852. Missionnaire en Algérie.

Reymond, Louis-Augustin, né à la Grand'Combe de Morteau le 31 mars 1823, élève du séminaire de Besançon en 1845, ordonné prêtre en 1850 dans la congrégation des maristes, mort en 1857 sur les côtes de Sierra-Leone, dans la congrégation fondée par Mgr Marion de Bresillac.

Le P. Rochelandet, Ferréol, né à Fontenelle-lez-Montby le 14 février 1822, entré dans la compagnie de Jésus le 15 octobre 1851. Missionnaire en résidence à Alger.

Le P. Roblet, Désiré, né le 21 juillet 1828, entré dans la compagnie de Jésus le 12 octobre 1850. Missionnaire à Madagascar.

Le P. Callet, François, né à Frotey le 8 mai 1822, entré dans la compagnie de Jésus en 1845. Missionnaire à Madagascar.

Le P. Edme, Paul, né à Doubs le 10 avril 1832, élève du séminaire de Besançon en 1850, ordonné prêtre en 1854, d'abord vicaire de Saint-Hilaire, entré dans la compagnie de Jésus en 1857. Missionnaire en Algérie, catéchiste et confesseur au collége d'Oran.

Le P. Bourdin, Alfred, né à Arçon le 6 avril 1835, élève du séminaire de Besançon en 1856, entré dans la Compagnie de Jésus en 1857. Missionnaire en Algérie.

Poncy, Pierre-Joseph, né le 15 août 1803, aux Longevilles, élève du séminaire de Besançon en 1835, ordonné prêtre le 1er septembre 1839, professeur à Consolation, missionnaire et curé dans l'île de la Réunion dès 1846, aujourd'hui retiré aux Longevilles.

Aymonin, Jules-Melchior, né à Saint-Pierre-la-Cluse le 6 octobre 1836, élève au séminaire de Besançon en 1855, entré dans la congrégation du Cœur immaculé de Marie. Missionnaire dans l'île de la Réunion.

<h3 style="text-align:center">MISSIONS D'AMÉRIQUE.</h3>

Le P. Racle, Sébastien, né à Pontarlier en 1627, parti pour le Canada en 1689, massacré en 1724 chez les Abenaquis.

Le P. Montillot, Jean, né à Autet le 12 mars 1825, entré dans la compagnie de Jésus en 1844. Recteur du collége de Saint-Joseph à la Nouvelle-Orléans.

Jamey, Victor, né à Varogne le 24 avril 1804, élève du séminaire de Besançon en 1825, ordonné prêtre le 31 mai 1828, missionnaire aux Etats-Unis, rentré dans le diocèse de Besançon en 1850, curé à Savoyeux, retiré à Vesoul.

Richard-Bole, Claude-Joseph, né au Villers le 24 décembre 1806, élève du séminaire de Besançon en 1826, ordonné prêtre le 19 septembre 1829, curé de Provenchère (Doubs), missionnaire apostolique en 1838, mort le 15 août 1847.

Paris, Auguste-Simon, né le 19 janvier 1804, à Vellerot-lez-Vercel, élève du séminaire de Besançon en 1823, ordonné prêtre le 25 mars 1827, curé à Belleherbe, missionnaire apostolique en 1838, mort curé de la Sommette le 4 juin 1867.

Renaud, François-Joseph, né au Bizot le 23 avril 1794, élève du séminaire de Besançon en 1814, ordonné prêtre le 4 juillet 1819, curé de la Grange, missionnaire apostolique en 1838, chanoine et vicaire général dans le diocèse de Saint-Louis, rentré dans le diocèse de Besançon et retiré à la Grand'Combe-des-Bois.

Tholomier, Claude-Antoine, né à Mamirolles le 1er novembre 1799, élève du séminaire de Besançon en 1819, ordonné le 20 septembre 1823, curé de Guyans-Durnes en 1828, missionnaire apostolique et vicaire à la cathédrale de Saint-Louis (Nouvelle-Orléans).

Jobert, Jean-Baptiste, né à Pierrecourt, sorti du diocèse de Besançon en 1845, missionnaire apostolique et curé à la Nouvelle-Orléans.

Ternet, Claude-Antoine, né à Eternoz le 25 octobre 1793, élève du séminaire de Besançon en 1814, ordonné prêtre le 16 mai 1818, curé de Beaujeu, incorporé à la société de Saint-Sulpice et parti pour le Canada en 1845, rentré en 1864, curé de Tavey, retiré à Grenoble en 1868.

Bardez, Claude-Joseph, né à Rigney le 20 juin 1809, élève du séminaire de Besançon en 1834, ordonné prêtre le 9 septembre 1838, curé de Vereux en 1843, incorporé à la société de Saint-Sulpice et parti pour le Canada en 1845.

Christ, Alfred-Jacques, né à Tavey le 21 avril 1834, élève du séminaire de Besançon en 1855, ordonné prêtre le 18 septembre 1858, parti pour le diocèse de Toronto, rentré dans son diocèse natal en 1867, curé de Pont-les-Moulins.

Mailley, Siméon-Charles-Emile, né à Arbecey le 16 septembre 1832, élève du séminaire de Besançon en 1854, ordonné prêtre le 6 septembre 1857, d'abord professeur au séminaire de Consolation, parti pour la Floride en 1860, rentré dans le diocèse de Besançon pour cause de maladie, et mort à Arbecey le 7 juillet 1869.

Henriot, Etienne, né à Frahier le 1er avril 1827, entré au séminaire de Besançon en 1847, parti en 1853, mort en 1866, curé d'Alger du Mississipi.

Folot, François, né à Saunot le 27 août 1829, entré au séminaire de Besançon en 1850, parti en 1853, curé missionnaire au Mississipi, aujourd'hui curé dans le diocèse de Saint-Claude.

Delacroix, Adrien, né à Arçon le 4 décembre 1833, entré au séminaire de Besançon en 1854, ordonné prêtre en 1858, d'abord vicaire à Neuchatel, parti en 1861 pour le diocèse de Saint-Hyacinthe (Canada).

Rousse, Eugène, né à Arpenans le 12 juin 1840, élève du séminaire de Besançon en 1860, ordonné prêtre le 11 septembre 1864, d'abord vicaire à Devecey, missionnaire dans la Floride en 1868.

MISSIONS D'OCÉANIE.

Grézel, Isidore, né à Chavanne le 7 octobre 1816, élève du séminaire de Besançon en 1837, entré dans la congrégation des maristes, missionnaire aux îles Gambier.

Jobert, Ferjeux-Gaspard, né à Germigney le 14 juin 1821, élève du séminaire de Besançon en 1842, ordonné prêtre le 6 septembre 1846, d'abord professeur au séminaire de Marnay, entré dans la congrégation des maristes, missionnaire en Océanie.

Monnier, Joseph-Félicien, né à Vésigneux le 15 mars 1825, élève du séminaire de Besançon en 1845, entré dans la congrégation des maristes, missionnaire en Océanie.

(Extrait des *Annales franc-comtoises*, livraison d'août 1869.)

BESANÇON, IMPRIMERIE DE J. JACQUIN.